MEINE HEIMWERKER PROJEKT IDEEN

Projektideen

Sammle hier deine Projektideen! Egal ob groß oder klein!

- _____
- _____
- _____
- _____
- _____
- _____
- _____
- _____
- _____
- _____
- _____
- _____
- _____
- _____
- _____
- _____
- _____
- _____
- _____
- _____
- _____
- _____
- _____
- _____
- _____

Projektideen

Sammle hier deine Projektideen! Egal ob groß oder klein!

Projektideen

Sammle hier deine Projektideen! Egal ob groß oder klein!

- _____
- _____
- _____
- _____
- _____
- _____
- _____
- _____
- _____
- _____
- _____
- _____
- _____
- _____
- _____
- _____
- _____
- _____
- _____
- _____
- _____
- _____
- _____
- _____
- _____
- _____

Projektideen

Sammle hier deine Projektideen! Egal ob groß oder klein!

Projektideen

Sammle hier deine Projektideen! Egal ob groß oder klein!

- _____
- _____
- _____
- _____
- _____
- _____
- _____
- _____
- _____
- _____
- _____
- _____
- _____
- _____
- _____
- _____
- _____
- _____
- _____
- _____
- _____
- _____
- _____
- _____
- _____

MEINE HEIMWERKER PROJEKTE

- Projektplanung -

Projektplanung

Beschreibung: _____
_____
_____
_____

Skizze / Raumplan:

Benötigtes Material und Kosten

Material: **Geschätzte Kosten:**

_____ _____ €
_____ _____ €
_____ _____ €
_____ _____ €
_____ _____ €
_____ _____ €
_____ _____ €
_____ _____ €
_____ _____ €
_____ _____ €
_____ _____ €

Werkzeugliste:

☐ Akkuschrauber   ☐ Pinsel / Rollen / Quast

☐ Schlagbohrmaschine   ☐ Spachtel

☐ Stich- / Kreissäge   ☐ Feilen

☐ Wasserwaage   ☐ Spannungsprüfer / Multimeter

☐ Zollstock / Massband   ☐ Multitool / Trennschleifer

☐ Handwerkzeug (Schraubendreher, Hammer, Inbusschlüssel, Zangen...)   ☐ Schleifmaschine

☐ _____   ☐ _____
☐ _____   ☐ _____
☐ _____   ☐ _____
☐ _____   ☐ _____
☐ _____   ☐ _____

Benötigte Helfer:

☐ keine   ☐ 1   ☐ 2   ☐ 3   ☐ 4   ☐ >5

Fachfirma benötigt?:
(z.B. für Elektor- und Sanitärinstallationen)

☐ nein   ☐ Ja, geschäze Kosten: _____ €

Budget und geplante Kosten

Budget: _____ €

- gesch. Materialkosten: _____ €
- Leihgebühren f. Geräte: _____ €
- Transportkosten: _____ €
- Kosten Fachfirma: _____ €
- sonstiges: _____ €

Rest-Budget: _____ €

Projektdauer und -zeiten

- gesch. Arbeitszeit: _____
- gesch. Wartezeit: _____
- gesch. Zeit Fachfirma: _____

Projektstart / -ende: _____   _____
                                             Startdatum   Enddatum

6-Wochen-Plan

	Montag	Dienstag	Mittwoch	Donnerstag	Freitag	Samstag	Sonntag
Woche 1							
Woche 2							
Woche 3							
Woche 4							
Woche 5							
Woche 6							

Projektplanung

Beschreibung: _____
_____
_____
_____

Skizze / Raumplan:

Benötigtes Material und Kosten

Material: **Geschätzte Kosten:**

_____   _____ €
_____   _____ €
_____   _____ €
_____   _____ €
_____   _____ €
_____   _____ €
_____   _____ €
_____   _____ €
_____   _____ €
_____   _____ €

Werkzeugliste:

- ☐ Akkuschrauber
- ☐ Schlagbohrmaschine
- ☐ Stich- / Kreissäge
- ☐ Wasserwaage
- ☐ Zollstock / Massband
- ☐ Handwerkzeug (Schraubendreher, Hammer, Inbusschlüssel, Zangen...)
- ☐ _____
- ☐ _____
- ☐ _____
- ☐ _____
- ☐ _____

- ☐ Pinsel / Rollen / Quast
- ☐ Spachtel
- ☐ Feilen
- ☐ Spannungsprüfer / Multimeter
- ☐ Multitool / Trennschleifer
- ☐ Schleifmaschine
- ☐ _____
- ☐ _____
- ☐ _____
- ☐ _____
- ☐ _____

Benötigte Helfer:

☐ keine   ☐ 1   ☐ 2   ☐ 3   ☐ 4   ☐ >5

Fachfirma benötigt?:
(z.B. für Elektor- und Sanitärinstallationen)

☐ nein   ☐ Ja, geschätze Kosten: _____ €

Budget und geplante Kosten

Budget: _____ €

- gesch. Materialkosten: _____ €
- Leihgebühren f. Geräte: _____ €
- Transportkosten: _____ €
- Kosten Fachfirma: _____ €
- sonstiges: _____ €

Rest-Budget: _____ €

Projektdauer und -zeiten

- gesch. Arbeitszeit: _____
- gesch. Wartezeit: _____
- gesch. Zeit Fachfirma: _____

Projektstart / -ende: _____   _____
                              Startdatum   Enddatum

6-Wochen-Plan

	Montag	Dienstag	Mittwoch	Donnerstag	Freitag	Samstag	Sonntag
Woche 1							
Woche 2							
Woche 3							
Woche 4							
Woche 5							
Woche 6							

Projektplanung

Beschreibung: _____

_____

_____

_____

Skizze / Raumplan:

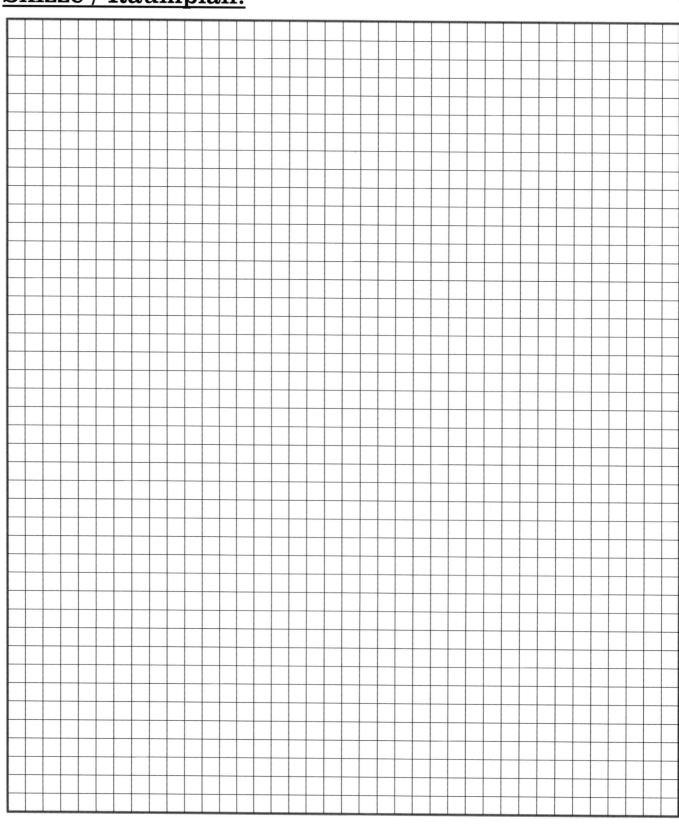

Benötigtes Material und Kosten

Material: **Geschätzte Kosten:**

_____ _____ €
_____ _____ €
_____ _____ €
_____ _____ €
_____ _____ €
_____ _____ €
_____ _____ €
_____ _____ €
_____ _____ €
_____ _____ €

Werkzeugliste:

- ☐ Akkuschrauber
- ☐ Schlagbohrmaschine
- ☐ Stich- / Kreissäge
- ☐ Wasserwaage
- ☐ Zollstock / Massband
- ☐ Handwerkzeug (Schraubendreher, Hammer, Inbusschlüssel, Zangen...)
- ☐ _____
- ☐ _____
- ☐ _____
- ☐ _____
- ☐ _____

- ☐ Pinsel / Rollen / Quast
- ☐ Spachtel
- ☐ Feilen
- ☐ Spannungsprüfer / Multimeter
- ☐ Multitool / Trennschleifer
- ☐ Schleifmaschine
- ☐ _____
- ☐ _____
- ☐ _____
- ☐ _____
- ☐ _____

Benötigte Helfer:

☐ keine ☐ 1 ☐ 2 ☐ 3 ☐ 4 ☐ >5

Fachfirma benötigt?:
(z.B. für Elektor- und Sanitärinstallationen)

☐ nein   ☐ Ja, geschätze Kosten: _____ €

Budget und geplante Kosten

Budget: _____ €

- gesch. Materialkosten: _____ €
- Leihgebühren f. Geräte: _____ €
- Transportkosten: _____ €
- Kosten Fachfirma: _____ €
- sonstiges: _____ €

Rest-Budget: _____ €

Projektdauer und -zeiten

- gesch. Arbeitszeit: _____
- gesch. Wartezeit: _____
- gesch. Zeit Fachfirma: _____

Projektstart / -ende: _____   _____
                                  Startdatum   Enddatum

6-Wochen-Plan

	Montag	Dienstag	Mittwoch	Donnerstag	Freitag	Samstag	Sonntag
Woche 1							
Woche 2							
Woche 3							
Woche 4							
Woche 5							
Woche 6							

Projektplanung

Beschreibung: _____
_____
_____
_____

Skizze / Raumplan:

Benötigtes Material und Kosten

Material: **Geschätzte Kosten:**

_____ _____ €

_____ _____ €

_____ _____ €

_____ _____ €

_____ _____ €

_____ _____ €

_____ _____ €

_____ _____ €

_____ _____ €

_____ _____ €

Werkzeugliste:

☐ Akkuschrauber   ☐ Pinsel / Rollen / Quast

☐ Schlagbohrmaschine   ☐ Spachtel

☐ Stich- / Kreissäge   ☐ Feilen

☐ Wasserwaage   ☐ Spannungsprüfer / Multimeter

☐ Zollstock / Massband   ☐ Multitool / Trennschleifer

☐ Handwerkzeug (Schraubendreher,   ☐ Schleifmaschine
   Hammer, Inbusschlüssel, Zangen...)

☐ _____   ☐ _____

☐ _____   ☐ _____

☐ _____   ☐ _____

☐ _____   ☐ _____

☐ _____   ☐ _____

Benötigte Helfer:

☐ keine   ☐ 1   ☐ 2   ☐ 3   ☐ 4   ☐ >5

Fachfirma benötigt?:
(z.B. für Elektor- und Sanitärinstallationen)

☐ nein   ☐ Ja, geschätze Kosten: _____ €

Budget und geplante Kosten

Budget: _____ €

- gesch. Materialkosten: _____ €
- Leihgebühren f. Geräte: _____ €
- Transportkosten: _____ €
- Kosten Fachfirma: _____ €
- sonstiges: _____ €

Rest-Budget: _____ €

Projektdauer und -zeiten

- gesch. Arbeitszeit: _____
- gesch. Wartezeit: _____
- gesch. Zeit Fachfirma: _____

Projektstart / -ende: _____ _____
                                  Startdatum   Enddatum

6-Wochen-Plan

	Montag	Dienstag	Mittwoch	Donnerstag	Freitag	Samstag	Sonntag
Woche 1							
Woche 2							
Woche 3							
Woche 4							
Woche 5							
Woche 6							

Projektplanung

Beschreibung: _____
_____
_____
_____

Skizze / Raumplan:

Benötigtes Material und Kosten

Material: **Geschätzte Kosten:**

_____   _____ €
_____   _____ €
_____   _____ €
_____   _____ €
_____   _____ €
_____   _____ €
_____   _____ €
_____   _____ €
_____   _____ €
_____   _____ €

Werkzeugliste:

- ☐ Akkuschrauber
- ☐ Schlagbohrmaschine
- ☐ Stich- / Kreissäge
- ☐ Wasserwaage
- ☐ Zollstock / Massband
- ☐ Handwerkzeug (Schraubendreher, Hammer, Inbusschlüssel, Zangen...)
- ☐ _____
- ☐ _____
- ☐ _____
- ☐ _____
- ☐ _____

- ☐ Pinsel / Rollen / Quast
- ☐ Spachtel
- ☐ Feilen
- ☐ Spannungsprüfer / Multimeter
- ☐ Multitool / Trennschleifer
- ☐ Schleifmaschine
- ☐ _____
- ☐ _____
- ☐ _____
- ☐ _____
- ☐ _____

Benötigte Helfer:

☐ keine   ☐ 1   ☐ 2   ☐ 3   ☐ 4   ☐ >5

Fachfirma benötigt?:
(z.B. für Elektor- und Sanitärinstallationen)

☐ nein   ☐ Ja, geschätze Kosten: _____ €

Budget und geplante Kosten

Budget: _____ €

- gesch. Materialkosten: _____ €
- Leihgebühren f. Geräte: _____ €
- Transportkosten: _____ €
- Kosten Fachfirma: _____ €
- sonstiges: _____ €

Rest-Budget: _____ €

Projektdauer und -zeiten

- gesch. Arbeitszeit: _____
- gesch. Wartezeit: _____
- gesch. Zeit Fachfirma: _____

Projektstart / -ende: _____ _____
                                    Startdatum   Enddatum

6-Wochen-Plan

	Montag	Dienstag	Mittwoch	Donnerstag	Freitag	Samstag	Sonntag
Woche 1							
Woche 2							
Woche 3							
Woche 4							
Woche 5							
Woche 6							

Projektplanung

Beschreibung: _____
_____
_____
_____

Skizze / Raumplan:

Benötigtes Material und Kosten

Material: **Geschätzte Kosten:**

_____   _____ €
_____   _____ €
_____   _____ €
_____   _____ €
_____   _____ €
_____   _____ €
_____   _____ €
_____   _____ €
_____   _____ €
_____   _____ €

Werkzeugliste:

☐ Akkuschrauber   ☐ Pinsel / Rollen / Quast
☐ Schlagbohrmaschine   ☐ Spachtel
☐ Stich- / Kreissäge   ☐ Feilen
☐ Wasserwaage   ☐ Spannungsprüfer / Multimeter
☐ Zollstock / Massband   ☐ Multitool / Trennschleifer
☐ Handwerkzeug (Schraubendreher,   ☐ Schleifmaschine
   Hammer, Inbusschlüssel, Zangen...)
☐ _____   ☐ _____
☐ _____   ☐ _____
☐ _____   ☐ _____
☐ _____   ☐ _____
☐ _____   ☐ _____

Benötigte Helfer:

☐ keine   ☐ 1   ☐ 2   ☐ 3   ☐ 4   ☐ >5

Fachfirma benötigt?:
(z.B. für Elektor- und Sanitärinstallationen)

☐ nein   ☐ Ja, geschätze Kosten: _____ €

Budget und geplante Kosten

Budget: _____ €

- gesch. Materialkosten: _____ €
- Leihgebühren f. Geräte: _____ €
- Transportkosten: _____ €
- Kosten Fachfirma: _____ €
- sonstiges: _____ €

Rest-Budget: _____ €

Projektdauer und -zeiten

- gesch. Arbeitszeit: _____
- gesch. Wartezeit: _____
- gesch. Zeit Fachfirma: _____

Projektstart / -ende: _____   _____
                                Startdatum   Enddatum

6-Wochen-Plan

	Montag	Dienstag	Mittwoch	Donnerstag	Freitag	Samstag	Sonntag
Woche 1							
Woche 2							
Woche 3							
Woche 4							
Woche 5							
Woche 6							

Projektplanung

Beschreibung: _____
_____
_____
_____

Skizze / Raumplan:

Benötigtes Material und Kosten

Material:　　　　　　　　　　　　　　　　　　　　　　**Geschätzte Kosten:**

_____　_____ €
_____　_____ €
_____　_____ €
_____　_____ €
_____　_____ €
_____　_____ €
_____　_____ €
_____　_____ €
_____　_____ €
_____　_____ €

Werkzeugliste:

- ☐ Akkuschrauber
- ☐ Schlagbohrmaschine
- ☐ Stich- / Kreissäge
- ☐ Wasserwaage
- ☐ Zollstock / Massband
- ☐ Handwerkzeug (Schraubendreher, Hammer, Inbusschlüssel, Zangen...)
- ☐ _____
- ☐ _____
- ☐ _____
- ☐ _____
- ☐ _____

- ☐ Pinsel / Rollen / Quast
- ☐ Spachtel
- ☐ Feilen
- ☐ Spannungsprüfer / Multimeter
- ☐ Multitool / Trennschleifer
- ☐ Schleifmaschine
- ☐ _____
- ☐ _____
- ☐ _____
- ☐ _____
- ☐ _____

Benötigte Helfer:

☐ keine　☐ 1　☐ 2　☐ 3　☐ 4　☐ >5

Fachfirma benötigt?:
(z.B. für Elektor- und Sanitärinstallationen)

☐ nein　　☐ Ja, geschätze Kosten: _____ €

Budget und geplante Kosten

Budget: _____ €

- gesch. Materialkosten: _____ €
- Leihgebühren f. Geräte: _____ €
- Transportkosten: _____ €
- Kosten Fachfirma: _____ €
- sonstiges: _____ €

Rest-Budget: _____ €

Projektdauer und -zeiten

- gesch. Arbeitszeit: _____
- gesch. Wartezeit: _____
- gesch. Zeit Fachfirma: _____

Projektstart / -ende: _____ _____
                                            Startdatum   Enddatum

6-Wochen-Plan

	Montag	Dienstag	Mittwoch	Donnerstag	Freitag	Samstag	Sonntag
Woche 1							
Woche 2							
Woche 3							
Woche 4							
Woche 5							
Woche 6							

Projektplanung

Beschreibung: _____
_____
_____
_____

Skizze / Raumplan:

Benötigtes Material und Kosten

Material: **Geschätzte Kosten:**

_____ _____ €
_____ _____ €
_____ _____ €
_____ _____ €
_____ _____ €
_____ _____ €
_____ _____ €
_____ _____ €
_____ _____ €
_____ _____ €

Werkzeugliste:

- ☐ Akkuschrauber
- ☐ Schlagbohrmaschine
- ☐ Stich- / Kreissäge
- ☐ Wasserwaage
- ☐ Zollstock / Massband
- ☐ Handwerkzeug (Schraubendreher, Hammer, Inbusschlüssel, Zangen…)
- ☐ _____
- ☐ _____
- ☐ _____
- ☐ _____
- ☐ _____

- ☐ Pinsel / Rollen / Quast
- ☐ Spachtel
- ☐ Feilen
- ☐ Spannungsprüfer / Multimeter
- ☐ Multitool / Trennschleifer
- ☐ Schleifmaschine
- ☐ _____
- ☐ _____
- ☐ _____
- ☐ _____
- ☐ _____

Benötigte Helfer:

☐ keine   ☐ 1   ☐ 2   ☐ 3   ☐ 4   ☐ >5

Fachfirma benötigt?:
(z.B. für Elektor- und Sanitärinstallationen)

☐ nein   ☐ Ja, geschätze Kosten: _____ €

Budget und geplante Kosten

Budget: _____ €

- gesch. Materialkosten: _____ €
- Leihgebühren f. Geräte: _____ €
- Transportkosten: _____ €
- Kosten Fachfirma: _____ €
- sonstiges: _____ €

Rest-Budget: _____ €

Projektdauer und -zeiten

- gesch. Arbeitszeit: _____
- gesch. Wartezeit: _____
- gesch. Zeit Fachfirma: _____

Projektstart / -ende: _____ _____
                                Startdatum   Enddatum

6-Wochen-Plan

	Montag	Dienstag	Mittwoch	Donnerstag	Freitag	Samstag	Sonntag
Woche 1							
Woche 2							
Woche 3							
Woche 4							
Woche 5							
Woche 6							

Projektplanung

Beschreibung: _____
_____
_____
_____

Skizze / Raumplan:

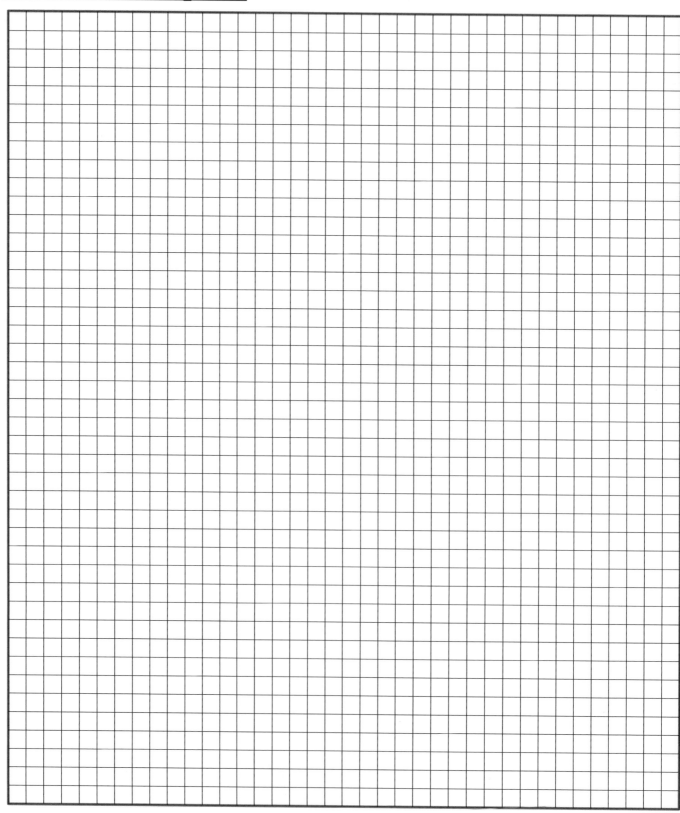

Benötigtes Material und Kosten

Material: **Geschätzte Kosten:**

_____   _____ €
_____   _____ €
_____   _____ €
_____   _____ €
_____   _____ €
_____   _____ €
_____   _____ €
_____   _____ €
_____   _____ €
_____   _____ €

Werkzeugliste:

- ☐ Akkuschrauber
- ☐ Schlagbohrmaschine
- ☐ Stich- / Kreissäge
- ☐ Wasserwaage
- ☐ Zollstock / Massband
- ☐ Handwerkzeug (Schraubendreher, Hammer, Inbusschlüssel, Zangen...)
- ☐ _____
- ☐ _____
- ☐ _____
- ☐ _____
- ☐ _____

- ☐ Pinsel / Rollen / Quast
- ☐ Spachtel
- ☐ Feilen
- ☐ Spannungsprüfer / Multimeter
- ☐ Multitool / Trennschleifer
- ☐ Schleifmaschine
- ☐ _____
- ☐ _____
- ☐ _____
- ☐ _____
- ☐ _____

Benötigte Helfer:

☐ keine   ☐ 1   ☐ 2   ☐ 3   ☐ 4   ☐ >5

Fachfirma benötigt?:
(z.B. für Elektor- und Sanitärinstallationen)

☐ nein   ☐ Ja, geschätze Kosten: _____ €

Budget und geplante Kosten

Budget: _____ €

- gesch. Materialkosten: _____ €
- Leihgebühren f. Geräte: _____ €
- Transportkosten: _____ €
- Kosten Fachfirma: _____ €
- sonstiges: _____ €

Rest-Budget: _____ €

Projektdauer und -zeiten

- gesch. Arbeitszeit: _____
- gesch. Wartezeit: _____
- gesch. Zeit Fachfirma: _____

Projektstart / -ende: _____   _____
                     Startdatum   **Enddatum**

6-Wochen-Plan

	Montag	Dienstag	Mittwoch	Donnerstag	Freitag	Samstag	Sonntag
Woche 1							
Woche 2							
Woche 3							
Woche 4							
Woche 5							
Woche 6							

Projektplanung

Beschreibung: _____
_____
_____
_____

Skizze / Raumplan:

Benötigtes Material und Kosten

Material: **Geschätzte Kosten:**

_____ _____ €
_____ _____ €
_____ _____ €
_____ _____ €
_____ _____ €
_____ _____ €
_____ _____ €
_____ _____ €
_____ _____ €
_____ _____ €

Werkzeugliste:

- ☐ Akkuschrauber
- ☐ Schlagbohrmaschine
- ☐ Stich- / Kreissäge
- ☐ Wasserwaage
- ☐ Zollstock / Massband
- ☐ Handwerkzeug (Schraubendreher, Hammer, Inbusschlüssel, Zangen...)
- ☐ _____
- ☐ _____
- ☐ _____
- ☐ _____
- ☐ _____

- ☐ Pinsel / Rollen / Quast
- ☐ Spachtel
- ☐ Feilen
- ☐ Spannungsprüfer / Multimeter
- ☐ Multitool / Trennschleifer
- ☐ Schleifmaschine
- ☐ _____
- ☐ _____
- ☐ _____
- ☐ _____
- ☐ _____

Benötigte Helfer:

☐ keine   ☐ 1   ☐ 2   ☐ 3   ☐ 4   ☐ >5

Fachfirma benötigt?:
(z.B. für Elektor- und Sanitärinstallationen)

☐ nein   ☐ Ja, geschätze Kosten: _____ €

Budget und geplante Kosten

Budget: _____ €

- gesch. Materialkosten: _____ €
- Leihgebühren f. Geräte: _____ €
- Transportkosten: _____ €
- Kosten Fachfirma: _____ €
- sonstiges: _____ €

Rest-Budget: _____ €

Projektdauer und -zeiten

- gesch. Arbeitszeit: _____
- gesch. Wartezeit: _____
- gesch. Zeit Fachfirma: _____

Projektstart / -ende: _____   _____
                                  Startdatum   Enddatum

6-Wochen-Plan

	Montag	Dienstag	Mittwoch	Donnerstag	Freitag	Samstag	Sonntag
Woche 1							
Woche 2							
Woche 3							
Woche 4							
Woche 5							
Woche 6							

Projektplanung

Beschreibung: _____
_____
_____
_____

Skizze / Raumplan:

Benötigtes Material und Kosten

Material: **Geschätzte Kosten:**

_____ _____ €
_____ _____ €
_____ _____ €
_____ _____ €
_____ _____ €
_____ _____ €
_____ _____ €
_____ _____ €
_____ _____ €
_____ _____ €

Werkzeugliste:

- ☐ Akkuschrauber
- ☐ Schlagbohrmaschine
- ☐ Stich- / Kreissäge
- ☐ Wasserwaage
- ☐ Zollstock / Massband
- ☐ Handwerkzeug (Schraubendreher, Hammer, Inbusschlüssel, Zangen...)
- ☐ Pinsel / Rollen / Quast
- ☐ Spachtel
- ☐ Feilen
- ☐ Spannungsprüfer / Multimeter
- ☐ Multitool / Trennschleifer
- ☐ Schleifmaschine

☐ _____   ☐ _____
☐ _____   ☐ _____
☐ _____   ☐ _____
☐ _____   ☐ _____
☐ _____   ☐ _____

Benötigte Helfer:

☐ keine   ☐ 1   ☐ 2   ☐ 3   ☐ 4   ☐ >5

Fachfirma benötigt?:
(z.B. für Elektor- und Sanitärinstallationen)

☐ nein   ☐ Ja, geschätze Kosten: _____ €

Budget und geplante Kosten

Budget: _____ €

- gesch. Materialkosten: _____ €
- Leihgebühren f. Geräte: _____ €
- Transportkosten: _____ €
- Kosten Fachfirma: _____ €
- sonstiges: _____ €

Rest-Budget: _____ €

Projektdauer und -zeiten

- gesch. Arbeitszeit: _____
- gesch. Wartezeit: _____
- gesch. Zeit Fachfirma: _____

Projektstart / -ende: _____ _____
                                   Startdatum   Enddatum

6-Wochen-Plan

	Montag	Dienstag	Mittwoch	Donnerstag	Freitag	Samstag	Sonntag
Woche 1							
Woche 2							
Woche 3							
Woche 4							
Woche 5							
Woche 6							

Projektplanung

Beschreibung: _____
_____
_____
_____

Skizze / Raumplan:

Benötigtes Material und Kosten

Material: **Geschätzte Kosten:**

_____ _____ €
_____ _____ €
_____ _____ €
_____ _____ €
_____ _____ €
_____ _____ €
_____ _____ €
_____ _____ €
_____ _____ €
_____ _____ €

Werkzeugliste:

- ☐ Akkuschrauber
- ☐ Schlagbohrmaschine
- ☐ Stich- / Kreissäge
- ☐ Wasserwaage
- ☐ Zollstock / Massband
- ☐ Handwerkzeug (Schraubendreher, Hammer, Inbusschlüssel, Zangen...)
- ☐ _____
- ☐ _____
- ☐ _____
- ☐ _____
- ☐ _____

- ☐ Pinsel / Rollen / Quast
- ☐ Spachtel
- ☐ Feilen
- ☐ Spannungsprüfer / Multimeter
- ☐ Multitool / Trennschleifer
- ☐ Schleifmaschine
- ☐ _____
- ☐ _____
- ☐ _____
- ☐ _____
- ☐ _____

Benötigte Helfer:

☐ keine ☐ 1 ☐ 2 ☐ 3 ☐ 4 ☐ >5

Fachfirma benötigt?:
(z.B. für Elektor- und Sanitärinstallationen)

☐ nein   ☐ Ja, geschätze Kosten: _____ €

Budget und geplante Kosten

Budget: _____ €

- gesch. Materialkosten: _____ €
- Leihgebühren f. Geräte: _____ €
- Transportkosten: _____ €
- Kosten Fachfirma: _____ €
- sonstiges: _____ €

Rest-Budget: _____ €

Projektdauer und -zeiten

- gesch. Arbeitszeit: _____
- gesch. Wartezeit: _____
- gesch. Zeit Fachfirma: _____

Projektstart / -ende: _____   _____
                                        Startdatum   Enddatum

6-Wochen-Plan

	Montag	Dienstag	Mittwoch	Donnerstag	Freitag	Samstag	Sonntag
Woche 1							
Woche 2							
Woche 3							
Woche 4							
Woche 5							
Woche 6							

Projektplanung

Beschreibung: _____
_____
_____
_____

Skizze / Raumplan:

Benötigtes Material und Kosten

Material:　　　　　　　　　　　　　　　　　　　　　　　　　**Geschätzte Kosten:**

_____　_____ €
_____　_____ €
_____　_____ €
_____　_____ €
_____　_____ €
_____　_____ €
_____　_____ €
_____　_____ €
_____　_____ €
_____　_____ €

Werkzeugliste:

- ☐ Akkuschrauber
- ☐ Schlagbohrmaschine
- ☐ Stich- / Kreissäge
- ☐ Wasserwaage
- ☐ Zollstock / Massband
- ☐ Handwerkzeug (Schraubendreher, Hammer, Inbusschlüssel, Zangen...)
- ☐ _____
- ☐ _____
- ☐ _____
- ☐ _____
- ☐ _____

- ☐ Pinsel / Rollen / Quast
- ☐ Spachtel
- ☐ Feilen
- ☐ Spannungsprüfer / Multimeter
- ☐ Multitool / Trennschleifer
- ☐ Schleifmaschine
- ☐ _____
- ☐ _____
- ☐ _____
- ☐ _____
- ☐ _____

Benötigte Helfer:

☐ keine　　☐ 1　　☐ 2　　☐ 3　　☐ 4　　☐ >5

Fachfirma benötigt?:
(z.B. für Elektor- und Sanitärinstallationen)

☐ nein　　☐ Ja, geschäze Kosten: _____ €

Budget und geplante Kosten

Budget: _____ €

- gesch. Materialkosten: _____ €
- Leihgebühren f. Geräte: _____ €
- Transportkosten: _____ €
- Kosten Fachfirma: _____ €
- sonstiges: _____ €

Rest-Budget: _____ €

Projektdauer und -zeiten

- gesch. Arbeitszeit: _____
- gesch. Wartezeit: _____
- gesch. Zeit Fachfirma: _____

Projektstart / -ende: _____ _____
                                        Startdatum   Enddatum

6-Wochen-Plan

	Montag	Dienstag	Mittwoch	Donnerstag	Freitag	Samstag	Sonntag
Woche 1							
Woche 2							
Woche 3							
Woche 4							
Woche 5							
Woche 6							

Projektplanung

Beschreibung: _____
_____
_____
_____

Skizze / Raumplan:

Benötigtes Material und Kosten

Material: **Geschätzte Kosten:**

_____   _____ €

_____   _____ €

_____   _____ €

_____   _____ €

_____   _____ €

_____   _____ €

_____   _____ €

_____   _____ €

_____   _____ €

_____   _____ €

Werkzeugliste:

- ☐ Akkuschrauber
- ☐ Schlagbohrmaschine
- ☐ Stich- / Kreissäge
- ☐ Wasserwaage
- ☐ Zollstock / Massband
- ☐ Handwerkzeug (Schraubendreher, Hammer, Inbusschlüssel, Zangen…)
- ☐ _____
- ☐ _____
- ☐ _____
- ☐ _____
- ☐ _____

- ☐ Pinsel / Rollen / Quast
- ☐ Spachtel
- ☐ Feilen
- ☐ Spannungsprüfer / Multimeter
- ☐ Multitool / Trennschleifer
- ☐ Schleifmaschine
- ☐ _____
- ☐ _____
- ☐ _____
- ☐ _____
- ☐ _____

Benötigte Helfer:

☐ keine   ☐ 1   ☐ 2   ☐ 3   ☐ 4   ☐ >5

Fachfirma benötigt?:
(z.B. für Elektor- und Sanitärinstallationen)

☐ nein   ☐ Ja, geschätze Kosten: _____ €

Budget und geplante Kosten

Budget: _____ €

- gesch. Materialkosten: _____ €
- Leihgebühren f. Geräte: _____ €
- Transportkosten: _____ €
- Kosten Fachfirma: _____ €
- sonstiges: _____ €

Rest-Budget: _____ €

Projektdauer und -zeiten

- gesch. Arbeitszeit: _____
- gesch. Wartezeit: _____
- gesch. Zeit Fachfirma: _____

Projektstart / -ende: _____   _____
                              Startdatum   Enddatum

6-Wochen-Plan

	Montag	Dienstag	Mittwoch	Donnerstag	Freitag	Samstag	Sonntag
Woche 1							
Woche 2							
Woche 3							
Woche 4							
Woche 5							
Woche 6							

Projektplanung

Beschreibung: _____
_____
_____
_____

Skizze / Raumplan:

Benötigtes Material und Kosten

Material: **Geschätzte Kosten:**

_____ _____ €
_____ _____ €
_____ _____ €
_____ _____ €
_____ _____ €
_____ _____ €
_____ _____ €
_____ _____ €
_____ _____ €
_____ _____ €

Werkzeugliste:

- ☐ Akkuschrauber
- ☐ Schlagbohrmaschine
- ☐ Stich- / Kreissäge
- ☐ Wasserwaage
- ☐ Zollstock / Massband
- ☐ Handwerkzeug (Schraubendreher, Hammer, Inbusschlüssel, Zangen…)
- ☐ _____
- ☐ _____
- ☐ _____
- ☐ _____
- ☐ _____

- ☐ Pinsel / Rollen / Quast
- ☐ Spachtel
- ☐ Feilen
- ☐ Spannungsprüfer / Multimeter
- ☐ Multitool / Trennschleifer
- ☐ Schleifmaschine
- ☐ _____
- ☐ _____
- ☐ _____
- ☐ _____
- ☐ _____

Benötigte Helfer:

☐ keine   ☐ 1   ☐ 2   ☐ 3   ☐ 4   ☐ >5

Fachfirma benötigt?:
(z.B. für Elektor- und Sanitärinstallationen)

☐ nein   ☐ Ja, geschätze Kosten: _____ €

Budget und geplante Kosten

Budget: _____ €

- gesch. Materialkosten: _____ €
- Leihgebühren f. Geräte: _____ €
- Transportkosten: _____ €
- Kosten Fachfirma: _____ €
- sonstiges: _____ €

Rest-Budget: _____ €

Projektdauer und -zeiten

- gesch. Arbeitszeit: _____
- gesch. Wartezeit: _____
- gesch. Zeit Fachfirma: _____

Projektstart / -ende: _____   _____
           Startdatum   Enddatum

6-Wochen-Plan

	Montag	Dienstag	Mittwoch	Donnerstag	Freitag	Samstag	Sonntag
Woche 1							
Woche 2							
Woche 3							
Woche 4							
Woche 5							
Woche 6							

Projektplanung

Beschreibung: _____
_____
_____
_____

Skizze / Raumplan:

Benötigtes Material und Kosten

Material: **Geschätzte Kosten:**

_____   _____ €

_____   _____ €

_____   _____ €

_____   _____ €

_____   _____ €

_____   _____ €

_____   _____ €

_____   _____ €

_____   _____ €

_____   _____ €

Werkzeugliste:

- ☐ Akkuschrauber
- ☐ Schlagbohrmaschine
- ☐ Stich- / Kreissäge
- ☐ Wasserwaage
- ☐ Zollstock / Massband
- ☐ Handwerkzeug (Schraubendreher, Hammer, Inbusschlüssel, Zangen…)
- ☐ _____
- ☐ _____
- ☐ _____
- ☐ _____
- ☐ _____

- ☐ Pinsel / Rollen / Quast
- ☐ Spachtel
- ☐ Feilen
- ☐ Spannungsprüfer / Multimeter
- ☐ Multitool / Trennschleifer
- ☐ Schleifmaschine
- ☐ _____
- ☐ _____
- ☐ _____
- ☐ _____
- ☐ _____

Benötigte Helfer:

☐ keine   ☐ 1   ☐ 2   ☐ 3   ☐ 4   ☐ >5

Fachfirma benötigt?:
(z.B. für Elektor- und Sanitärinstallationen)

☐ nein   ☐ Ja, geschäze Kosten: _____ €

Budget und geplante Kosten

Budget: _____ €

- gesch. Materialkosten: _____ €
- Leihgebühren f. Geräte: _____ €
- Transportkosten: _____ €
- Kosten Fachfirma: _____ €
- sonstiges: _____ €

Rest-Budget: _____ €

Projektdauer und -zeiten

- gesch. Arbeitszeit: _____
- gesch. Wartezeit: _____
- gesch. Zeit Fachfirma: _____

Projektstart / -ende: _____   _____
                              Startdatum   Enddatum

6-Wochen-Plan

	Montag	Dienstag	Mittwoch	Donnerstag	Freitag	Samstag	Sonntag
Woche 1							
Woche 2							
Woche 3							
Woche 4							
Woche 5							
Woche 6							

Projektplanung

Beschreibung: _____
_____
_____
_____

Skizze / Raumplan:

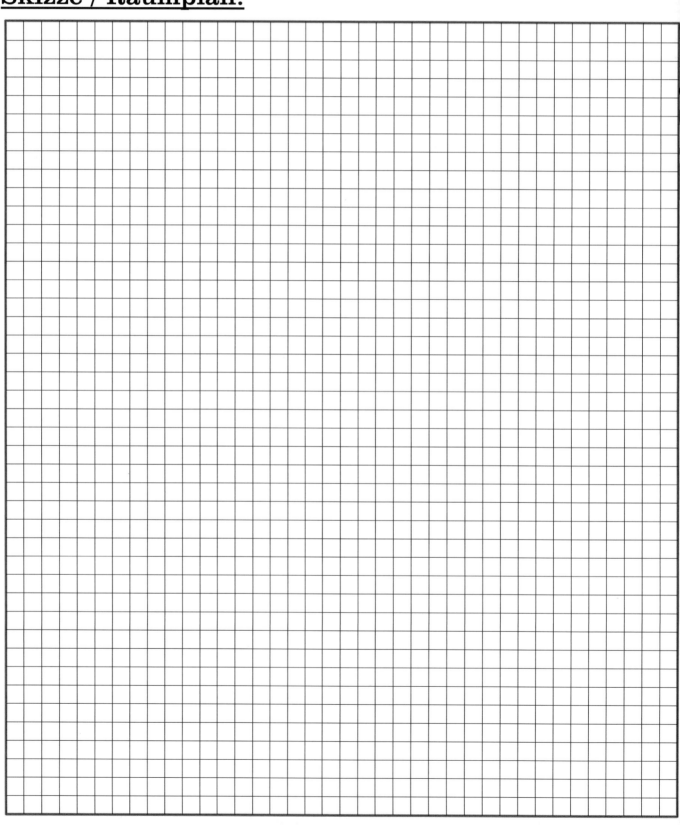

Benötigtes Material und Kosten

Material: **Geschätzte Kosten:**

_____ _____ €
_____ _____ €
_____ _____ €
_____ _____ €
_____ _____ €
_____ _____ €
_____ _____ €
_____ _____ €
_____ _____ €
_____ _____ €
_____ _____ €

Werkzeugliste:

- ☐ Akkuschrauber
- ☐ Schlagbohrmaschine
- ☐ Stich- / Kreissäge
- ☐ Wasserwaage
- ☐ Zollstock / Massband
- ☐ Handwerkzeug (Schraubendreher, Hammer, Inbusschlüssel, Zangen…)
- ☐ _____
- ☐ _____
- ☐ _____
- ☐ _____
- ☐ _____

- ☐ Pinsel / Rollen / Quast
- ☐ Spachtel
- ☐ Feilen
- ☐ Spannungsprüfer / Multimeter
- ☐ Multitool / Trennschleifer
- ☐ Schleifmaschine
- ☐ _____
- ☐ _____
- ☐ _____
- ☐ _____
- ☐ _____

Benötigte Helfer:

☐ keine ☐ 1 ☐ 2 ☐ 3 ☐ 4 ☐ >5

Fachfirma benötigt?:
(z.B. für Elektor- und Sanitärinstallationen)

☐ nein   ☐ Ja, geschätze Kosten: _____ €

Budget und geplante Kosten

Budget: _____ €

- gesch. Materialkosten: _____ €
- Leihgebühren f. Geräte: _____ €
- Transportkosten: _____ €
- Kosten Fachfirma: _____ €
- sonstiges: _____ €

Rest-Budget: _____ €

Projektdauer und -zeiten

- gesch. Arbeitszeit: _____
- gesch. Wartezeit: _____
- gesch. Zeit Fachfirma: _____

Projektstart / -ende: _____   _____
                                        Startdatum   Enddatum

6-Wochen-Plan

	Montag	Dienstag	Mittwoch	Donnerstag	Freitag	Samstag	Sonntag
Woche 1							
Woche 2							
Woche 3							
Woche 4							
Woche 5							
Woche 6							

Projektplanung

Beschreibung: _____
_____
_____
_____

Skizze / Raumplan:

Benötigtes Material und Kosten

Material: **Geschätzte Kosten:**

_____ _____ €
_____ _____ €
_____ _____ €
_____ _____ €
_____ _____ €
_____ _____ €
_____ _____ €
_____ _____ €
_____ _____ €
_____ _____ €

Werkzeugliste:

- ☐ Akkuschrauber
- ☐ Schlagbohrmaschine
- ☐ Stich- / Kreissäge
- ☐ Wasserwaage
- ☐ Zollstock / Massband
- ☐ Handwerkzeug (Schraubendreher, Hammer, Inbusschlüssel, Zangen...)
- ☐ _____
- ☐ _____
- ☐ _____
- ☐ _____
- ☐ _____

- ☐ Pinsel / Rollen / Quast
- ☐ Spachtel
- ☐ Feilen
- ☐ Spannungsprüfer / Multimeter
- ☐ Multitool / Trennschleifer
- ☐ Schleifmaschine
- ☐ _____
- ☐ _____
- ☐ _____
- ☐ _____
- ☐ _____

Benötigte Helfer:

☐ keine   ☐ 1   ☐ 2   ☐ 3   ☐ 4   ☐ >5

Fachfirma benötigt?:
(z.B. für Elektor- und Sanitärinstallationen)

☐ nein   ☐ Ja, geschätze Kosten: _____ €

Budget und geplante Kosten

Budget: _____ €

- gesch. Materialkosten: _____ €
- Leihgebühren f. Geräte: _____ €
- Transportkosten: _____ €
- Kosten Fachfirma: _____ €
- sonstiges: _____ €

Rest-Budget: _____ €

Projektdauer und -zeiten

- gesch. Arbeitszeit: _____
- gesch. Wartezeit: _____
- gesch. Zeit Fachfirma: _____

Projektstart / -ende: _____   _____
                                    Startdatum   Enddatum

6-Wochen-Plan

	Montag	Dienstag	Mittwoch	Donnerstag	Freitag	Samstag	Sonntag
Woche 1							
Woche 2							
Woche 3							
Woche 4							
Woche 5							
Woche 6							

Projektplanung

Beschreibung: _____
_____
_____
_____

Skizze / Raumplan:

Benötigtes Material und Kosten

Material: **Geschätzte Kosten:**

_____ _____ €
_____ _____ €
_____ _____ €
_____ _____ €
_____ _____ €
_____ _____ €
_____ _____ €
_____ _____ €
_____ _____ €
_____ _____ €

Werkzeugliste:

- ☐ Akkuschrauber
- ☐ Schlagbohrmaschine
- ☐ Stich- / Kreissäge
- ☐ Wasserwaage
- ☐ Zollstock / Massband
- ☐ Handwerkzeug (Schraubendreher, Hammer, Inbusschlüssel, Zangen...)
- ☐ _____
- ☐ _____
- ☐ _____
- ☐ _____
- ☐ _____

- ☐ Pinsel / Rollen / Quast
- ☐ Spachtel
- ☐ Feilen
- ☐ Spannungsprüfer / Multimeter
- ☐ Multitool / Trennschleifer
- ☐ Schleifmaschine
- ☐ _____
- ☐ _____
- ☐ _____
- ☐ _____
- ☐ _____

Benötigte Helfer:

☐ keine   ☐ 1   ☐ 2   ☐ 3   ☐ 4   ☐ >5

Fachfirma benötigt?:
(z.B. für Elektor- und Sanitärinstallationen)

☐ nein   ☐ Ja, geschätze Kosten: _____ €

Budget und geplante Kosten

Budget: _____ €

- gesch. Materialkosten: _____ €
- Leihgebühren f. Geräte: _____ €
- Transportkosten: _____ €
- Kosten Fachfirma: _____ €
- sonstiges: _____ €

Rest-Budget: _____ €

Projektdauer und -zeiten

- gesch. Arbeitszeit: _____
- gesch. Wartezeit: _____
- gesch. Zeit Fachfirma: _____

Projektstart / -ende: _____   _____
                                  Startdatum   Enddatum

6-Wochen-Plan

	Montag	Dienstag	Mittwoch	Donnerstag	Freitag	Samstag	Sonntag
Woche 1							
Woche 2							
Woche 3							
Woche 4							
Woche 5							
Woche 6							

Projektplanung

Beschreibung: _____
_____
_____
_____

Skizze / Raumplan:

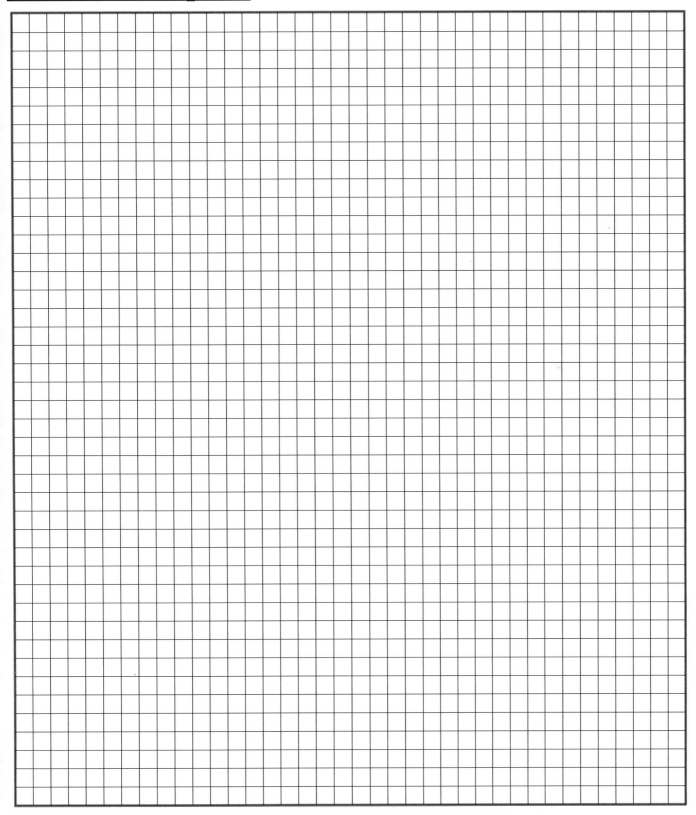

Benötigtes Material und Kosten

Material: **Geschätzte Kosten:**

_____   _____ €
_____   _____ €
_____   _____ €
_____   _____ €
_____   _____ €
_____   _____ €
_____   _____ €
_____   _____ €
_____   _____ €
_____   _____ €

Werkzeugliste:

- ☐ Akkuschrauber
- ☐ Schlagbohrmaschine
- ☐ Stich- / Kreissäge
- ☐ Wasserwaage
- ☐ Zollstock / Massband
- ☐ Handwerkzeug (Schraubendreher, Hammer, Inbusschlüssel, Zangen...)
- ☐ _____
- ☐ _____
- ☐ _____
- ☐ _____
- ☐ _____

- ☐ Pinsel / Rollen / Quast
- ☐ Spachtel
- ☐ Feilen
- ☐ Spannungsprüfer / Multimeter
- ☐ Multitool / Trennschleifer
- ☐ Schleifmaschine
- ☐ _____
- ☐ _____
- ☐ _____
- ☐ _____
- ☐ _____

Benötigte Helfer:

☐ keine   ☐ 1   ☐ 2   ☐ 3   ☐ 4   ☐ >5

Fachfirma benötigt?:
(z.B. für Elektor- und Sanitärinstallationen)

☐ nein   ☐ Ja, geschätze Kosten: _____ €

Budget und geplante Kosten

Budget: _____ €

- gesch. Materialkosten: _____ €
- Leihgebühren f. Geräte: _____ €
- Transportkosten: _____ €
- Kosten Fachfirma: _____ €
- sonstiges: _____ €

Rest-Budget: _____ €

Projektdauer und -zeiten

- gesch. Arbeitszeit: _____
- gesch. Wartezeit: _____
- gesch. Zeit Fachfirma: _____

Projektstart / -ende: _____ _____
           Startdatum   Enddatum

6-Wochen-Plan

	Montag	Dienstag	Mittwoch	Donnerstag	Freitag	Samstag	Sonntag
Woche 1							
Woche 2							
Woche 3							
Woche 4							
Woche 5							
Woche 6							

Projektplanung

Beschreibung: _____
_____
_____
_____

Skizze / Raumplan:

Benötigtes Material und Kosten

Material: **Geschätzte Kosten:**

_____ _____ €
_____ _____ €
_____ _____ €
_____ _____ €
_____ _____ €
_____ _____ €
_____ _____ €
_____ _____ €
_____ _____ €
_____ _____ €

Werkzeugliste:

- ☐ Akkuschrauber
- ☐ Schlagbohrmaschine
- ☐ Stich- / Kreissäge
- ☐ Wasserwaage
- ☐ Zollstock / Massband
- ☐ Handwerkzeug (Schraubendreher, Hammer, Inbusschlüssel, Zangen…)
- ☐ _____
- ☐ _____
- ☐ _____
- ☐ _____
- ☐ _____

- ☐ Pinsel / Rollen / Quast
- ☐ Spachtel
- ☐ Feilen
- ☐ Spannungsprüfer / Multimeter
- ☐ Multitool / Trennschleifer
- ☐ Schleifmaschine
- ☐ _____
- ☐ _____
- ☐ _____
- ☐ _____
- ☐ _____

Benötigte Helfer:

☐ keine   ☐ 1   ☐ 2   ☐ 3   ☐ 4   ☐ >5

Fachfirma benötigt?:
(z.B. für Elektor- und Sanitärinstallationen)

☐ nein   ☐ Ja, geschäze Kosten: _____ €

Budget und geplante Kosten

Budget: _____ €

- gesch. Materialkosten: _____ €
- Leihgebühren f. Geräte: _____ €
- Transportkosten: _____ €
- Kosten Fachfirma: _____ €
- sonstiges: _____ €

Rest-Budget: _____ €

Projektdauer und -zeiten

- gesch. Arbeitszeit: _____
- gesch. Wartezeit: _____
- gesch. Zeit Fachfirma: _____

Projektstart / -ende: _____ _____
                                   Startdatum   Enddatum

6-Wochen-Plan

	Montag	Dienstag	Mittwoch	Donnerstag	Freitag	Samstag	Sonntag
Woche 1							
Woche 2							
Woche 3							
Woche 4							
Woche 5							
Woche 6							

Projektplanung

Beschreibung: _____

_____

_____

_____

Skizze / Raumplan:

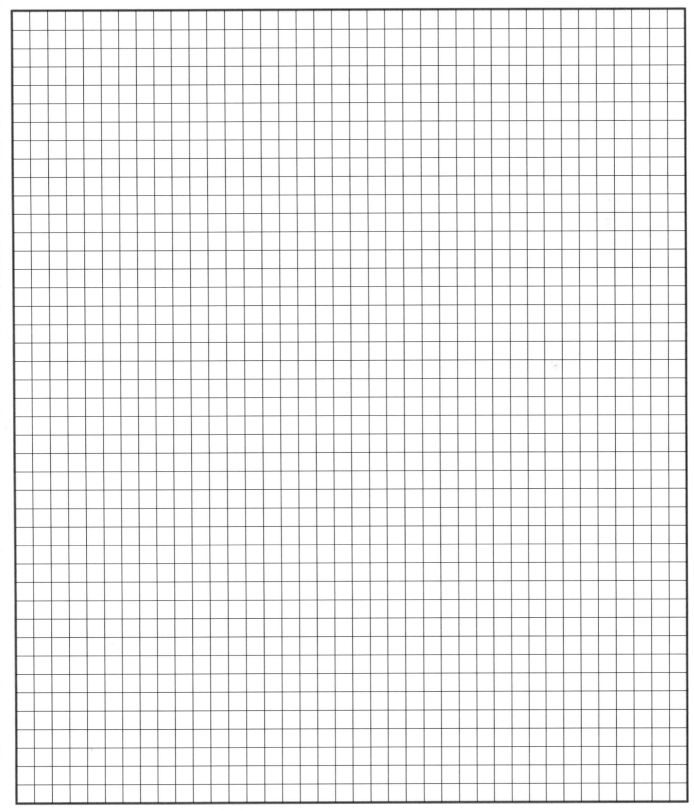

Benötigtes Material und Kosten

Material: **Geschätzte Kosten:**

_____ _____ €
_____ _____ €
_____ _____ €
_____ _____ €
_____ _____ €
_____ _____ €
_____ _____ €
_____ _____ €
_____ _____ €
_____ _____ €

Werkzeugliste:

- ☐ Akkuschrauber
- ☐ Schlagbohrmaschine
- ☐ Stich- / Kreissäge
- ☐ Wasserwaage
- ☐ Zollstock / Massband
- ☐ Handwerkzeug (Schraubendreher, Hammer, Inbusschlüssel, Zangen…)
- ☐ _____
- ☐ _____
- ☐ _____
- ☐ _____
- ☐ _____

- ☐ Pinsel / Rollen / Quast
- ☐ Spachtel
- ☐ Feilen
- ☐ Spannungsprüfer / Multimeter
- ☐ Multitool / Trennschleifer
- ☐ Schleifmaschine
- ☐ _____
- ☐ _____
- ☐ _____
- ☐ _____
- ☐ _____

Benötigte Helfer:

☐ keine   ☐ 1   ☐ 2   ☐ 3   ☐ 4   ☐ >5

Fachfirma benötigt?:
(z.B. für Elektor- und Sanitärinstallationen)

☐ nein   ☐ Ja, geschäze Kosten: _____ €

Budget und geplante Kosten

Budget: _____ €

- gesch. Materialkosten: _____ €
- Leihgebühren f. Geräte: _____ €
- Transportkosten: _____ €
- Kosten Fachfirma: _____ €
- sonstiges: _____ €

Rest-Budget: _____ €

Projektdauer und -zeiten

- gesch. Arbeitszeit: _____
- gesch. Wartezeit: _____
- gesch. Zeit Fachfirma: _____

Projektstart / -ende: _____ _____
                              Startdatum   Enddatum

6-Wochen-Plan

	Montag	Dienstag	Mittwoch	Donnerstag	Freitag	Samstag	Sonntag
Woche 1							
Woche 2							
Woche 3							
Woche 4							
Woche 5							
Woche 6							

Projektplanung

Beschreibung: _____
_____
_____
_____

Skizze / Raumplan:

Benötigtes Material und Kosten

Material: **Geschätzte Kosten:**

_____ _____ €
_____ _____ €
_____ _____ €
_____ _____ €
_____ _____ €
_____ _____ €
_____ _____ €
_____ _____ €
_____ _____ €
_____ _____ €

Werkzeugliste:

- ☐ Akkuschrauber
- ☐ Schlagbohrmaschine
- ☐ Stich- / Kreissäge
- ☐ Wasserwaage
- ☐ Zollstock / Massband
- ☐ Handwerkzeug (Schraubendreher, Hammer, Inbusschlüssel, Zangen...)
- ☐ _____
- ☐ _____
- ☐ _____
- ☐ _____
- ☐ _____

- ☐ Pinsel / Rollen / Quast
- ☐ Spachtel
- ☐ Feilen
- ☐ Spannungsprüfer / Multimeter
- ☐ Multitool / Trennschleifer
- ☐ Schleifmaschine
- ☐ _____
- ☐ _____
- ☐ _____
- ☐ _____
- ☐ _____

Benötigte Helfer:

☐ keine   ☐ 1   ☐ 2   ☐ 3   ☐ 4   ☐ >5

Fachfirma benötigt?:
(z.B. für Elektor- und Sanitärinstallationen)

☐ nein   ☐ Ja, geschätze Kosten: _____ €

Budget und geplante Kosten

Budget: _____ €

- gesch. Materialkosten: _____ €
- Leihgebühren f. Geräte: _____ €
- Transportkosten: _____ €
- Kosten Fachfirma: _____ €
- sonstiges: _____ €

Rest-Budget: _____ €

Projektdauer und -zeiten

- gesch. Arbeitszeit: _____
- gesch. Wartezeit: _____
- gesch. Zeit Fachfirma: _____

Projektstart / -ende: _____   _____
                                 Startdatum   Enddatum

6-Wochen-Plan

	Montag	Dienstag	Mittwoch	Donnerstag	Freitag	Samstag	Sonntag
Woche 1							
Woche 2							
Woche 3							
Woche 4							
Woche 5							
Woche 6							

Projektplanung

Beschreibung: _____
_____
_____
_____

Skizze / Raumplan:

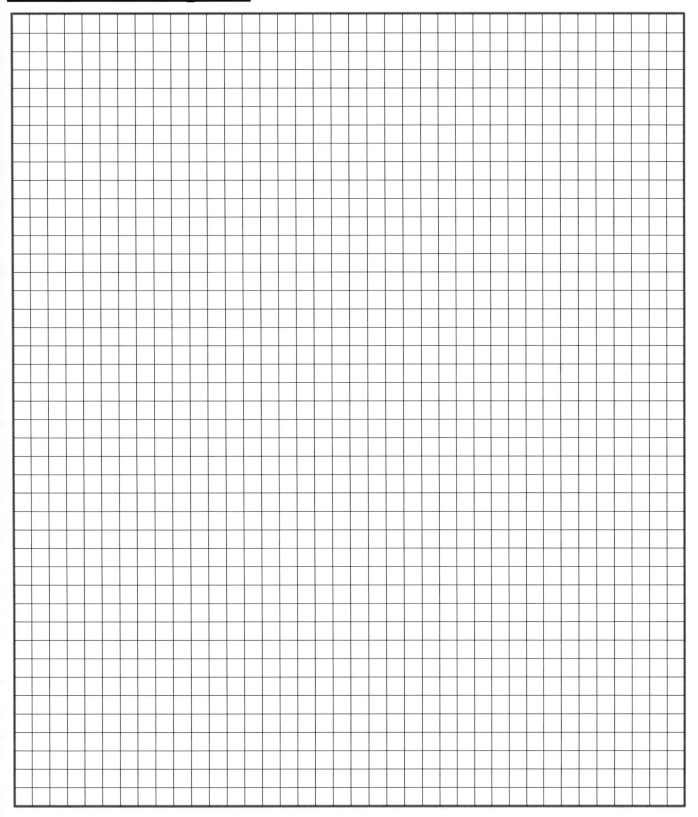

Benötigtes Material und Kosten

Material: **Geschätzte Kosten:**

_____ _____ €
_____ _____ €
_____ _____ €
_____ _____ €
_____ _____ €
_____ _____ €
_____ _____ €
_____ _____ €
_____ _____ €
_____ _____ €
_____ _____ €

Werkzeugliste:

- ☐ Akkuschrauber
- ☐ Schlagbohrmaschine
- ☐ Stich- / Kreissäge
- ☐ Wasserwaage
- ☐ Zollstock / Massband
- ☐ Handwerkzeug (Schraubendreher, Hammer, Inbusschlüssel, Zangen...)
- ☐ _____
- ☐ _____
- ☐ _____
- ☐ _____
- ☐ _____

- ☐ Pinsel / Rollen / Quast
- ☐ Spachtel
- ☐ Feilen
- ☐ Spannungsprüfer / Multimeter
- ☐ Multitool / Trennschleifer
- ☐ Schleifmaschine
- ☐ _____
- ☐ _____
- ☐ _____
- ☐ _____
- ☐ _____

Benötigte Helfer:

☐ keine ☐ 1 ☐ 2 ☐ 3 ☐ 4 ☐ >5

Fachfirma benötigt?:
(z.B. für Elektor- und Sanitärinstallationen)

☐ nein   ☐ Ja, geschätze Kosten: _____ €

Budget und geplante Kosten

Budget: _____ €

- gesch. Materialkosten: _____ €
- Leihgebühren f. Geräte: _____ €
- Transportkosten: _____ €
- Kosten Fachfirma: _____ €
- sonstiges: _____ €

Rest-Budget: _____ €

Projektdauer und -zeiten

- gesch. Arbeitszeit: _____
- gesch. Wartezeit: _____
- gesch. Zeit Fachfirma: _____

Projektstart / -ende: _____ _____
                                    Startdatum   *Enddatum*

6-Wochen-Plan

	Montag	Dienstag	Mittwoch	Donnerstag	Freitag	Samstag	Sonntag
Woche 1							
Woche 2							
Woche 3							
Woche 4							
Woche 5							
Woche 6							

Projektplanung

Beschreibung: _____
_____
_____
_____

Skizze / Raumplan:

Benötigtes Material und Kosten

Material: **Geschätzte Kosten:**

_____ _____ €
_____ _____ €
_____ _____ €
_____ _____ €
_____ _____ €
_____ _____ €
_____ _____ €
_____ _____ €
_____ _____ €
_____ _____ €

Werkzeugliste:

- ☐ Akkuschrauber
- ☐ Schlagbohrmaschine
- ☐ Stich- / Kreissäge
- ☐ Wasserwaage
- ☐ Zollstock / Massband
- ☐ Handwerkzeug (Schraubendreher, Hammer, Inbusschlüssel, Zangen...)
- ☐ _____
- ☐ _____
- ☐ _____
- ☐ _____
- ☐ _____

- ☐ Pinsel / Rollen / Quast
- ☐ Spachtel
- ☐ Feilen
- ☐ Spannungsprüfer / Multimeter
- ☐ Multitool / Trennschleifer
- ☐ Schleifmaschine
- ☐ _____
- ☐ _____
- ☐ _____
- ☐ _____
- ☐ _____

Benötigte Helfer:

☐ keine ☐ 1 ☐ 2 ☐ 3 ☐ 4 ☐ >5

Fachfirma benötigt?:
(z.B. für Elektor- und Sanitärinstallationen)

☐ nein ☐ Ja, geschäze Kosten: _____ €

Budget und geplante Kosten

Budget: _____ €

- gesch. Materialkosten: _____ €
- Leihgebühren f. Geräte: _____ €
- Transportkosten: _____ €
- Kosten Fachfirma: _____ €
- sonstiges: _____ €

Rest-Budget: _____ €

Projektdauer und -zeiten

- gesch. Arbeitszeit: _____
- gesch. Wartezeit: _____
- gesch. Zeit Fachfirma: _____

Projektstart / -ende: _____ _____
                                Startdatum   Enddatum

6-Wochen-Plan

	Montag	Dienstag	Mittwoch	Donnerstag	Freitag	Samstag	Sonntag
Woche 1							
Woche 2							
Woche 3							
Woche 4							
Woche 5							
Woche 6							

Projektplanung

Beschreibung: _____
_____
_____
_____

Skizze / Raumplan:

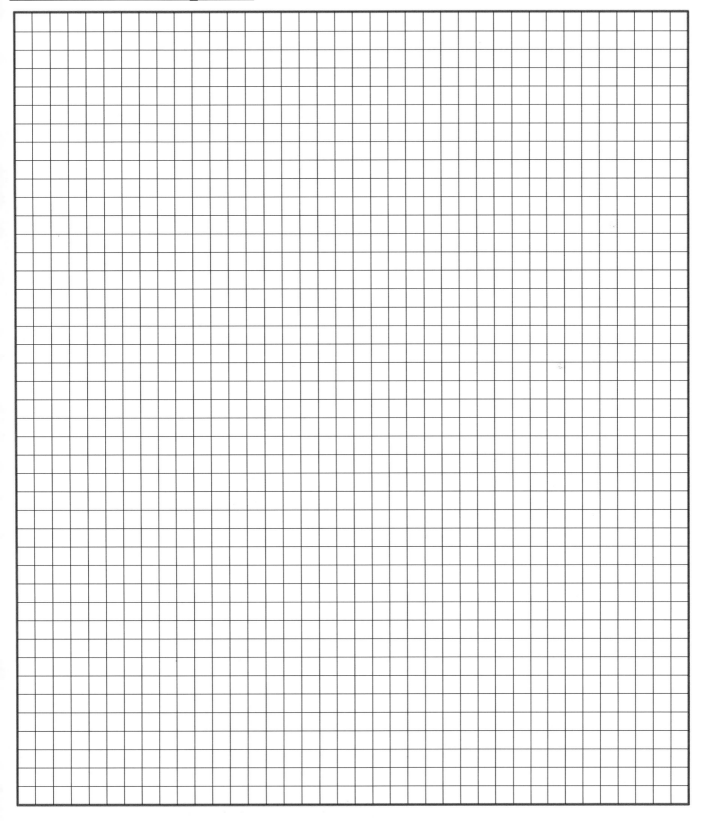

Benötigtes Material und Kosten

Material: **Geschätzte Kosten:**

_____ _____ €
_____ _____ €
_____ _____ €
_____ _____ €
_____ _____ €
_____ _____ €
_____ _____ €
_____ _____ €
_____ _____ €
_____ _____ €

Werkzeugliste:

☐ Akkuschrauber   ☐ Pinsel / Rollen / Quast
☐ Schlagbohrmaschine   ☐ Spachtel
☐ Stich- / Kreissäge   ☐ Feilen
☐ Wasserwaage   ☐ Spannungsprüfer / Multimeter
☐ Zollstock / Massband   ☐ Multitool / Trennschleifer
☐ Handwerkzeug (Schraubendreher,   ☐ Schleifmaschine
   Hammer, Inbusschlüssel, Zangen...)
☐ _____   ☐ _____
☐ _____   ☐ _____
☐ _____   ☐ _____
☐ _____   ☐ _____
☐ _____   ☐ _____

Benötigte Helfer:

☐ keine   ☐ 1   ☐ 2   ☐ 3   ☐ 4   ☐ >5

Fachfirma benötigt?:
(z.B. für Elektor- und Sanitärinstallationen)

☐ nein   ☐ Ja, geschätze Kosten: _____ €

Budget und geplante Kosten

Budget: _____ €

- gesch. Materialkosten: _____ €
- Leihgebühren f. Geräte: _____ €
- Transportkosten: _____ €
- Kosten Fachfirma: _____ €
- sonstiges: _____ €

Rest-Budget: _____ €

Projektdauer und -zeiten

- gesch. Arbeitszeit: _____
- gesch. Wartezeit: _____
- gesch. Zeit Fachfirma: _____

Projektstart / -ende: _____   _____
                                  Startdatum   Enddatum

6-Wochen-Plan

	Montag	Dienstag	Mittwoch	Donnerstag	Freitag	Samstag	Sonntag
Woche 1							
Woche 2							
Woche 3							
Woche 4							
Woche 5							
Woche 6							

Projektplanung

Beschreibung: _____
_____
_____
_____

Skizze / Raumplan:

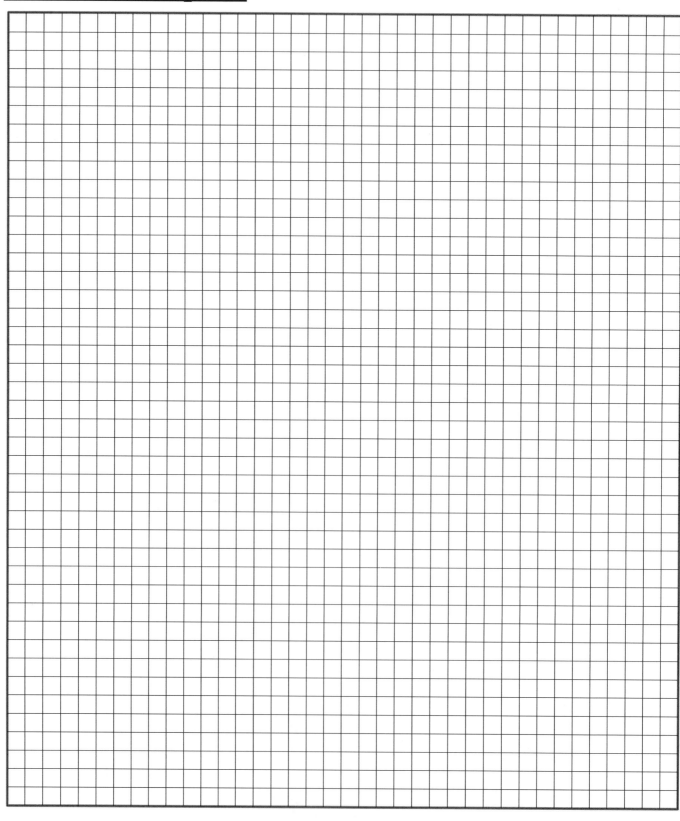

Benötigtes Material und Kosten

Material: **Geschätzte Kosten:**

_____ _____ €
_____ _____ €
_____ _____ €
_____ _____ €
_____ _____ €
_____ _____ €
_____ _____ €
_____ _____ €
_____ _____ €
_____ _____ €

Werkzeugliste:

- ☐ Akkuschrauber
- ☐ Schlagbohrmaschine
- ☐ Stich- / Kreissäge
- ☐ Wasserwaage
- ☐ Zollstock / Massband
- ☐ Handwerkzeug (Schraubendreher, Hammer, Inbusschlüssel, Zangen…)
- ☐ _____
- ☐ _____
- ☐ _____
- ☐ _____
- ☐ _____

- ☐ Pinsel / Rollen / Quast
- ☐ Spachtel
- ☐ Feilen
- ☐ Spannungsprüfer / Multimeter
- ☐ Multitool / Trennschleifer
- ☐ Schleifmaschine
- ☐ _____
- ☐ _____
- ☐ _____
- ☐ _____
- ☐ _____

Benötigte Helfer:

☐ keine ☐ 1 ☐ 2 ☐ 3 ☐ 4 ☐ >5

Fachfirma benötigt?:
(z.B. für Elektor- und Sanitärinstallationen)

☐ nein   ☐ Ja, geschätze Kosten: _____ €

Budget und geplante Kosten

Budget: _____ €

- gesch. Materialkosten: _____ €
- Leihgebühren f. Geräte: _____ €
- Transportkosten: _____ €
- Kosten Fachfirma: _____ €
- sonstiges: _____ €

Rest-Budget: _____ €

Projektdauer und -zeiten

- gesch. Arbeitszeit: _____
- gesch. Wartezeit: _____
- gesch. Zeit Fachfirma: _____

Projektstart / -ende: _____   _____
                                 Startdatum   Enddatum

6-Wochen-Plan

	Montag	Dienstag	Mittwoch	Donnerstag	Freitag	Samstag	Sonntag
Woche 1							
Woche 2							
Woche 3							
Woche 4							
Woche 5							
Woche 6							

Projektplanung

Beschreibung: _____
_____
_____
_____

Skizze / Raumplan:

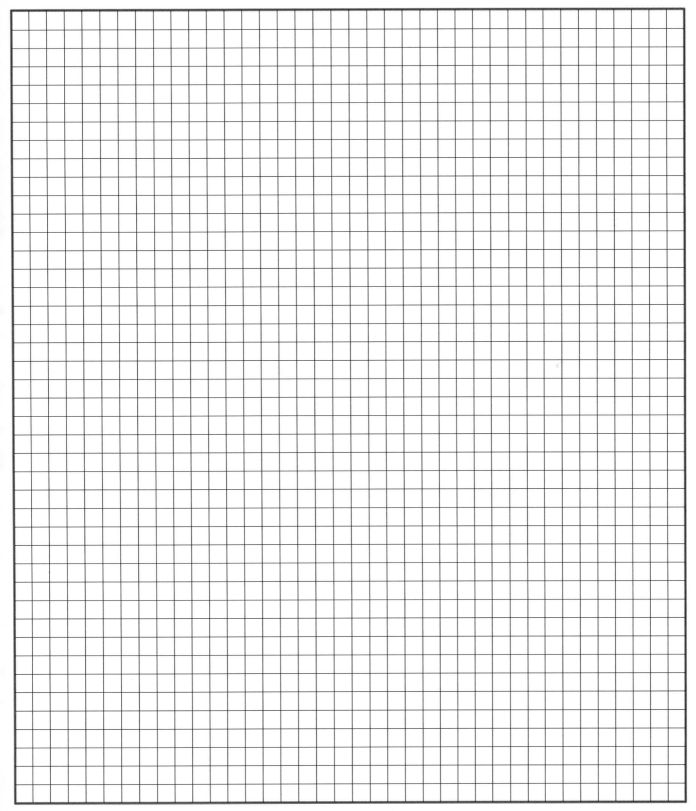

Benötigtes Material und Kosten

Material: **Geschätzte Kosten:**

_____ _____ €
_____ _____ €
_____ _____ €
_____ _____ €
_____ _____ €
_____ _____ €
_____ _____ €
_____ _____ €
_____ _____ €
_____ _____ €

Werkzeugliste:

- ☐ Akkuschrauber
- ☐ Schlagbohrmaschine
- ☐ Stich- / Kreissäge
- ☐ Wasserwaage
- ☐ Zollstock / Massband
- ☐ Handwerkzeug (Schraubendreher, Hammer, Inbusschlüssel, Zangen...)
- ☐ _____
- ☐ _____
- ☐ _____
- ☐ _____
- ☐ _____

- ☐ Pinsel / Rollen / Quast
- ☐ Spachtel
- ☐ Feilen
- ☐ Spannungsprüfer / Multimeter
- ☐ Multitool / Trennschleifer
- ☐ Schleifmaschine
- ☐ _____
- ☐ _____
- ☐ _____
- ☐ _____
- ☐ _____

Benötigte Helfer:

☐ keine   ☐ 1   ☐ 2   ☐ 3   ☐ 4   ☐ >5

Fachfirma benötigt?:
(z.B. für Elektor- und Sanitärinstallationen)

☐ nein   ☐ Ja, geschätze Kosten: _____ €

Budget und geplante Kosten

Budget: _____ €

- gesch. Materialkosten: _____ €
- Leihgebühren f. Geräte: _____ €
- Transportkosten: _____ €
- Kosten Fachfirma: _____ €
- sonstiges: _____ €

Rest-Budget: _____ €

Projektdauer und -zeiten

- gesch. Arbeitszeit: _____
- gesch. Wartezeit: _____
- gesch. Zeit Fachfirma: _____

Projektstart / -ende: _____   _____
                                Startdatum   Enddatum

6-Wochen-Plan

	Montag	Dienstag	Mittwoch	Donnerstag	Freitag	Samstag	Sonntag
Woche 1							
Woche 2							
Woche 3							
Woche 4							
Woche 5							
Woche 6							

Projektplanung

Beschreibung: _____

_____

_____

_____

Skizze / Raumplan:

Benötigtes Material und Kosten

Material: **Geschätzte Kosten:**

_____ _____ €
_____ _____ €
_____ _____ €
_____ _____ €
_____ _____ €
_____ _____ €
_____ _____ €
_____ _____ €
_____ _____ €
_____ _____ €

Werkzeugliste:

- ☐ Akkuschrauber
- ☐ Schlagbohrmaschine
- ☐ Stich- / Kreissäge
- ☐ Wasserwaage
- ☐ Zollstock / Massband
- ☐ Handwerkzeug (Schraubendreher, Hammer, Inbusschlüssel, Zangen…)
- ☐ _____
- ☐ _____
- ☐ _____
- ☐ _____
- ☐ _____

- ☐ Pinsel / Rollen / Quast
- ☐ Spachtel
- ☐ Feilen
- ☐ Spannungsprüfer / Multimeter
- ☐ Multitool / Trennschleifer
- ☐ Schleifmaschine
- ☐ _____
- ☐ _____
- ☐ _____
- ☐ _____
- ☐ _____

Benötigte Helfer:

☐ keine   ☐ 1   ☐ 2   ☐ 3   ☐ 4   ☐ >5

Fachfirma benötigt?:
(z.B. für Elektor- und Sanitärinstallationen)

☐ nein   ☐ Ja, geschätze Kosten: _____ €

Budget und geplante Kosten

Budget: _____ €

- gesch. Materialkosten: _____ €
- Leihgebühren f. Geräte: _____ €
- Transportkosten: _____ €
- Kosten Fachfirma: _____ €
- sonstiges: _____ €

Rest-Budget: _____ €

Projektdauer und -zeiten

- gesch. Arbeitszeit: _____
- gesch. Wartezeit: _____
- gesch. Zeit Fachfirma: _____

Projektstart / -ende: _____   _____
                                    Startdatum   Enddatum

6-Wochen-Plan

	Montag	Dienstag	Mittwoch	Donnerstag	Freitag	Samstag	Sonntag
Woche 1							
Woche 2							
Woche 3							
Woche 4							
Woche 5							
Woche 6							

Projektplanung

Beschreibung: _____
_____
_____
_____

Skizze / Raumplan:

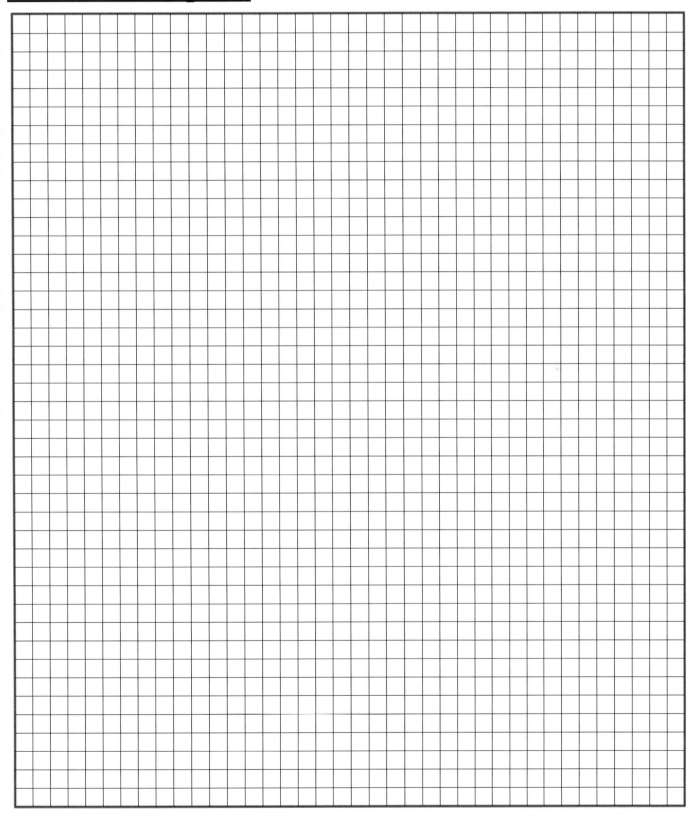

Benötigtes Material und Kosten

Material: **Geschätzte Kosten:**

_____ _____ €
_____ _____ €
_____ _____ €
_____ _____ €
_____ _____ €
_____ _____ €
_____ _____ €
_____ _____ €
_____ _____ €
_____ _____ €

Werkzeugliste:

- ☐ Akkuschrauber
- ☐ Schlagbohrmaschine
- ☐ Stich- / Kreissäge
- ☐ Wasserwaage
- ☐ Zollstock / Massband
- ☐ Handwerkzeug (Schraubendreher, Hammer, Inbusschlüssel, Zangen...)
- ☐ _____
- ☐ _____
- ☐ _____
- ☐ _____
- ☐ _____

- ☐ Pinsel / Rollen / Quast
- ☐ Spachtel
- ☐ Feilen
- ☐ Spannungsprüfer / Multimeter
- ☐ Multitool / Trennschleifer
- ☐ Schleifmaschine
- ☐ _____
- ☐ _____
- ☐ _____
- ☐ _____
- ☐ _____

Benötigte Helfer:

☐ keine ☐ 1 ☐ 2 ☐ 3 ☐ 4 ☐ >5

Fachfirma benötigt?:
(z.B. für Elektor- und Sanitärinstallationen)

☐ nein   ☐ Ja, geschätze Kosten: _____ €

Budget und geplante Kosten

Budget: _____ €

- gesch. Materialkosten: _____ €
- Leihgebühren f. Geräte: _____ €
- Transportkosten: _____ €
- Kosten Fachfirma: _____ €
- sonstiges: _____ €

Rest-Budget: _____ €

Projektdauer und -zeiten

- gesch. Arbeitszeit: _____
- gesch. Wartezeit: _____
- gesch. Zeit Fachfirma: _____

Projektstart / -ende: _____ _____
                                  Startdatum   Enddatum

6-Wochen-Plan

	Montag	Dienstag	Mittwoch	Donnerstag	Freitag	Samstag	Sonntag
Woche 1							
Woche 2							
Woche 3							
Woche 4							
Woche 5							
Woche 6							

Projektplanung

Beschreibung: _____

_____

_____

_____

Skizze / Raumplan:

Benötigtes Material und Kosten

Material: **Geschätzte Kosten:**

_____ _____ €
_____ _____ €
_____ _____ €
_____ _____ €
_____ _____ €
_____ _____ €
_____ _____ €
_____ _____ €
_____ _____ €
_____ _____ €

Werkzeugliste:

- ☐ Akkuschrauber
- ☐ Schlagbohrmaschine
- ☐ Stich- / Kreissäge
- ☐ Wasserwaage
- ☐ Zollstock / Massband
- ☐ Handwerkzeug (Schraubendreher, Hammer, Inbusschlüssel, Zangen…)
- ☐ _____
- ☐ _____
- ☐ _____
- ☐ _____
- ☐ _____

- ☐ Pinsel / Rollen / Quast
- ☐ Spachtel
- ☐ Feilen
- ☐ Spannungsprüfer / Multimeter
- ☐ Multitool / Trennschleifer
- ☐ Schleifmaschine
- ☐ _____
- ☐ _____
- ☐ _____
- ☐ _____
- ☐ _____

Benötigte Helfer:

☐ keine ☐ 1 ☐ 2 ☐ 3 ☐ 4 ☐ >5

Fachfirma benötigt?:
(z.B. für Elektor- und Sanitärinstallationen)

☐ nein   ☐ Ja, geschätze Kosten: _____ €

Budget und geplante Kosten

Budget: _____ €

- gesch. Materialkosten: _____ €
- Leihgebühren f. Geräte: _____ €
- Transportkosten: _____ €
- Kosten Fachfirma: _____ €
- sonstiges: _____ €

Rest-Budget: _____ €

Projektdauer und -zeiten

- gesch. Arbeitszeit: _____
- gesch. Wartezeit: _____
- gesch. Zeit Fachfirma: _____

Projektstart / -ende: _____ _____
                                    Startdatum   Enddatum

6-Wochen-Plan

	Montag	Dienstag	Mittwoch	Donnerstag	Freitag	Samstag	Sonntag
Woche 1							
Woche 2							
Woche 3							
Woche 4							
Woche 5							
Woche 6							

Mach dir Notizen!

Mach dir Notizen!

Hier kannst du notieren, skizzieren, rechnen, zeichnen und was dir sonst noch so einfällt!

Mach dir Notizen!

Hier kannst du notieren, skizzieren, rechnen, zeichnen und was dir sonst noch so einfällt!

Mach dir Notizen!

Hier kannst du notieren, skizzieren, rechnen, zeichnen und was dir sonst noch so einfällt!

Mach dir Notizen!

Hier kannst du notieren, skizzieren, rechnen, zeichnen und was dir sonst noch so einfällt!

Mach dir Notizen!

Hier kannst du notieren, skizzieren, rechnen, zeichnen und was dir sonst noch so einfällt!

Mach dir Notizen!

Hier kannst du notieren, skizzieren, rechnen, zeichnen und was dir sonst noch so einfällt!

Mach dir Notizen!

Hier kannst du notieren, skizzieren, rechnen, zeichnen und was dir sonst noch so einfällt!

Mach dir Notizen!

Hier kannst du notieren, skizzieren, rechnen, zeichnen und was dir sonst noch so einfällt!

Mach dir Notizen!

Hier kannst du notieren, skizzieren, rechnen, zeichnen und was dir sonst noch so einfällt!

Mach dir Notizen!

Hier kannst du notieren, skizzieren, rechnen, zeichnen und was dir sonst noch so einfällt!

Mach dir Notizen!

Hier kannst du notieren, skizzieren, rechnen, zeichnen und was dir sonst noch so einfällt!

Mach dir Notizen!

Hier kannst du notieren, skizzieren, rechnen, zeichnen und was dir sonst noch so einfällt!

Mach dir Notizen!

Hier kannst du notieren, skizzieren, rechnen, zeichnen und was dir sonst noch so einfällt!

Mach dir Notizen!

Hier kannst du notieren, skizzieren, rechnen, zeichnen und was dir sonst noch so einfällt!

Mach dir Notizen!

Hier kannst du notieren, skizzieren, rechnen, zeichnen und was dir sonst noch so einfällt!

Mach dir Notizen!

Hier kannst du notieren, skizzieren, rechnen, zeichnen und was dir sonst noch so einfällt!

Mach dir Notizen!

Hier kannst du notieren, skizzieren, rechnen, zeichnen und was dir sonst noch so einfällt!

DANKE!

Vielen Dank für den Kauf dieses Taschenbuches. Ich hoffe Sie sind zufrieden und Ihre Erwartungen wurden erfüllt. Haben Sie Fragen, Wünsche, Anregungen oder Kritik? Sie erreichen mich ganz einfach per email an:

funnotespublishing@gmail.com

Beste Grüße,

Stephan Haselier

Impressum:

Fun Notes Publishing
Stephan Haselier
Heerlener Str. 64
52531 Übach-Palenberg
email: funnotespublishing@gmail.com

Auf dem Cover und/oder im Buch verwendete lizensierte Grafikelemente stammen von vexels.com

UND NUN VIEL SPASS BEI DER UMSETZUNG DEINER PROJEKTE!

Printed in Poland
by Amazon Fulfillment
Poland Sp. z o.o., Wrocław